Ungeschminkte Sehnsucht

Wenn Frauen Frauen lieben

Ilustratorin

Nicole S.

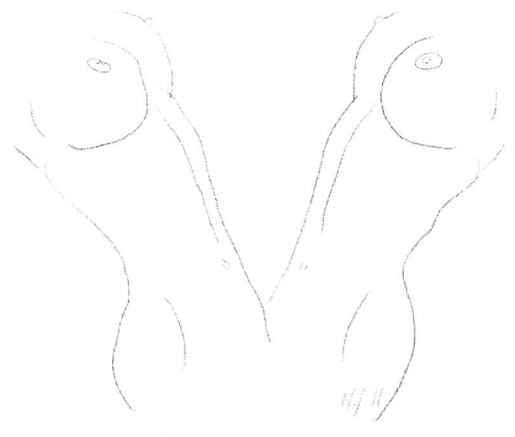

Copyright © 2014 Gisela Volkmann

All rights reserved.

ISBN:ISBN-13: 978-1497349612

Inhalt

Vorwort v

    Chat 2

    Entzug 2

    Virtuell 3

    Du denkst… 5

    Sofort 6

    Trocken 6

    Nur für kurze Zeit 7

    Alles 7

    Gastspiel 8

    Zurück 9

    Stell dir vor 10

    Tief drin 11

    Geduldig 13

    Verflixt 14

    2. Rückfall 14

    Je mehr 15

    Bei dir 16

    So nicht 17

    Mit dir 18

    Ganz Frau 19

    Gezählt 20

Ohne Worte	21
Warum	22
Affäre	23
Zeit	24
Tagträume	25
Einmalig	26
Kopflos	28
Unausgesprochen	29
Sputnik	30
Vergessen	31
Was ?	32
„Augen"blicke	33
Rückfall	34
Wortspiel	36
Logisch	36
Wollen	37
Betrachtungsweise	39
Warteraum	41
An uns	42
Wellen der Sinne	43
Seelenspiegel	44
Naschen	45
Guten Morgen Wunsch	46

Willkommen 47

...zurück... 48

Kurzschluss 49

Aber 50

Wohin 51

Aber vielleicht 52

Manchmal 53

Nicht nur schade 54

Schlussakt 57

Ausgesetzt 59

Pünktlich 61

Kopf und Bauch 62

Nehmen 63

Scheinheilig 64

Ende 66

Ohne Gewähr 68

Ballast 70

Frühlingsgrippe 71

Akte P 72

Taubenschlag 74

Sand im Getriebe 75

Erinnerung 76

Lass uns reden 77

Zuerst 78

Feminin	79
Anonym	82
Kennenlernen	83
Spiegel der Erwartung	83
Schweigen	84
Frieden	86
Einfach zu selten	87
Halte fest	88
Offen	89

Ungeschminkte Sehnsucht

An Jeanine K.

In Erinnerung an unsere schönen sinnlichen Momente, die mich inspiriert und beflügelt haben
und die jetzt auch nur übrig geblieben sind.
Nicht vergessen, was folgte, aber es geht unter mit den Gedanken wie es vorher war
und hat an Wichtigkeit verloren.
Ich danke dir für die schöne Zeit, in der du mich ein Stück auf meinem Weg begleitet hast
und Gedanken an dich mich immer weiter begleiten werden.

Alles Liebe und Gute
für dich

Gis

Vorwort

In einer Zeit, in der die virtuelle Welt zur Kommunikation schon selbstverständlich geworden ist, für die einen nur ein Zeitvertreib, für die anderen auch eine Suche und das manchmal mit Erfolg. Sogar findet man oft, was man gar nicht gesucht hat.

Liebe ist unberechenbar, aber wer sie erlebt, bekommt auch noch Lust und Leidenschaft geschenkt. Die Hormone quellen über und oft weiss man gar nicht wohin mit der Energie. Adrenalin bis zum Überlaufen, dass die Schmetterlinge bald darin ertrinken.

Freud und Leid in Worte gefasst, flammende Leidenschaft, besessene Lust und die Sehnsucht nach Vollkommenheit. Erotische Fantasien nicht nur träumen, sie auch ausleben.

Wenn ich gefragt werde, was bedeutet dir am meisten und was ist der Sinn deines Lebens, so antworte ich, dass mir meine Existenz viel bedeuten muss und der Sinn darin besteht, andere Menschen glücklich zu machen und einen Menschen ganz besonders glücklich zu sehen, weil sie mit mir zusammen sein will. Mich zu meinen Gedanken inspiriert, Sehnsüchte weckt, mir meine Träume lässt, die ich dann aber mit ihr teilen möchte. Ihr zurück zu geben, was sie mir in Leidenschaft gibt, was sie aus Liebe in mir auslöst, in mir bewegt und dies auch mal in Worten geschrieben. Ganz tief im Innern schlummert die grosse Sehnsucht, Gefühle, die man viel zu oft lieber für sich behalten möchte, aber dem einen Menschen doch erst sagen, wie wichtig sie für mein Leben geworden ist.

Erotisch sinnliche Gedanken in und aus der virtuellen Welt übergehend in die Realität, Gedichte, geschrieben aus Liebe, Lust und Leidenschaft, aber auch aus Frust und Enttäuschung von Frau zu Frau. Und doch bleibt die Sehnsucht nach Händen, die dich halten und dir noch mehr zu geben verstehen.

Liebevolle, teilweise ironische Texte mit einer Prise Sarkasmus.

Ungeschminkte Sehnsucht

Chat

Belanglos
Oberflächlich
ohne Thema
ohne Sinn
treffen sich unsere Worte
dein Witz lässt mich schmunzeln
dein Charme umwirbt mich
nicht mehr oberflächlich
nicht mehr belanglos
und auch nicht unerreichbar

Entzug

Wenn ich müde bin
schon zu müde
um zu schlafen
spür ich das Sehnen

wenn ich mein Kissen nehme
und mich von einer
auf die andere Seite drehe
fühle ich das Sehnen

wenn ich keine Stellung finde
in der ich bequem liege
die Decke zu kurz wird
weil ich mich daran halte

dann fühle ich die Sucht
den Entzug
der Sehn- SUCHT

Virtuell

Mut
Mitteilen
Stillbare Sehnsucht
Zärtlichkeit und mehr

Neugierde
Neu und Gier
dabei ist es nicht neu
nur die neue Gier
ist immer mal da

Es zulassen
der erste Schritt
und den Zweiten
Vertrauen
Gehören
Verstehen
sich fallen lassen
auch mal
ganz ohne Liebe

Sich geben und nehmen
nur für kurze Zeit
versinken
in Gedanken
Fantasien
einfach leben

Wünsche
ohne zu wünschen
weil beide es wollen
nicht mehr
und ganz und gar
nicht weniger

>>

Verstehen einander
nicht weit entfernt
zaghaftes antasten
unbekannt
gleiche Gedanken
blindes Vertrauen
Sympathisch
das Sehnen
nach Berührung
warmer weicher Haut

Fühlen miteinander
spüren deiner Lippen
die mich streicheln
Hände die mich halten
und noch mehr
zu geben verstehen

Eng umschlungen
in Leidenschaft tauchen
dich aussen zu streicheln
tief innen zu atmen
zu trinken
zu schmecken
dass Zucken
deines Schosses
zu halten
das Vibrieren zu spüren
dein Zittern zu stillen

Antasten
Öffnen
Vertrauen

Fragen
Wer bist du
Wie riechst du
Wie sprichst du

Du denkst...

Du denkst
es hat dich beflügelt
du denkst dass du denkst
nur an unser Gespräch
Du denkst
wir haben es übertrieben
du denkst was du denkst
du hast vergessen
du denkst
an unsere Worte
wie sie dich erregen
sie dich beflügeln
du denkst
du hast was nicht bemerkt
du denkst nicht
es ist doch gut
es nicht zu merken

Sofort

Nach nur wenigen Worten
in Schrift
nach nur wenigen Worten
am Telefon
nach nur wenigen Minuten
den Klang deiner Stimme
die Art wie du sprichst
dein Lachen
ich hatte gefunden
was ich gesucht
und war schon verloren

Trocken

Liegend im Gras
blaues Meer
ein paar Wolken
der Schaum der Wellen

Eintauchen
in das trockene Nass
durch das Blau träumen
auf den Wellen reisen

Nur für kurze Zeit

Mich fallen lassen
in deine Lust
versinken
in dein Verlangen
mich vergraben
in deinen Armen
eintauchen
mit dir
in die Unendlichkeit

Alles

Du gibst alles
was ich vermisse
Du bist alles
was mir wichtig ist
Du gibst alles
was mir fehlt
Alles
was ich brauche

doch bleiben
wir uns
fern

Gastspiel

Sehnsucht nach Zärtlichkeit
verlangen nach Berührung
Träume nicht nur träumen
ausgehungert
miteinander verglühen
ineinander verschmelzen
sich vergraben
unter der Haut
ertrinken im
Labyrinth
der Leidenschaft

Gesättigt
von Lippen
und Händen
schweissnasser Haut
aussen wie innen

Gestillt
die Sehnsucht
das Verlangen

Wo ist der Ausgang ?
 -    des Labyrinth`s

Zurück

Jeden Morgen
jeden Tag
liebevolle Worte
per sms per email

Jeden Morgen
jeden Tag
viel Gefühl
Verlangen
Sehnsucht
und Lust

Jeden Morgen
jeden Tag
Küssen
streicheln
in den Arm nehmen
virtuell

Jeden Morgen
jeden Tag
warten
dass du vor
und nicht
zurück gehst

Stell dir vor

Stell dir vor
wir treffen uns zufällig
irgendwo
sind uns sympathisch
unterhalten uns

Stell dir vor
erfahren mehr
voneinander
ohne Internet
ohne Mailbox
ohne Chatfenster

Stell dir vor
dass wir wissen
warum wir uns treffen
mehr sollte es nicht sein

Wer du bist
möchte ich von dir erfahren
persönlich
in deine Augen
sehend

Ob wir uns sympathisch sind
möchte ich nicht nur sehen
auch erleben
alles andere
wird geschehen
von alleine

Tief drin

Träumende Wellen
glitzernde Gedanken
Sonnenlicht wie Sterne
die zwanglos
in den Wellen tanzen
das Denken fixiert
mal in sinnlich
schönen Erinnerungen
aber auch
schmerzhaften Worten

Sonnenlicht
funkelnde Sterne
tanzend in Wellen
tragen mal liebevolle
und auch fragende
Gedanken
unbeantwortet
in Wellen
wieder zurück
schwimmend
und träumend

Wolkensanft
spiegelt
das Sonnenspiel
uferlos
ohne Grenzen
Sehnsüchte
voller Leidenschaft
mal optimistis
fast greifbar
stranden
malerisch im Sand

>>

Was im Weg ist
wird zärtlich umspült
was im Schatten liegt
wird mit Licht gefüllt
ganz tief drin
in träumenden Wellen
und
eintauchenden Gedanken
voller Sehnsucht

Geduldig

Geduld
ist keine Frage
ein
Hin und Her
mit Verwirrungen
der Gedanken

Geduld kann nicht wachsen
nur schrumpfen
zerstückeln
oft nur in
Staub
zerfallen

Geduld
ist nicht
lernbar
oft wird sie
erzwungen
erpresst

Geduld
macht nicht
unbedingt
geduldiger

Verflixt

Du bist
so nah
wenn ich an dich denke
fühle dich
spüre dich
gebe mir Mühe
zu tun
rieche dich
schmecke dich
es macht keinen Sinn
wehre mich

2. Rückfall

Vertrauen
in dem
was du sagst
Zweifel
an dir
an deiner Person
deiner Offenheit
in keiner Minute

nichts passiert

kann oftmals nichts dagegen tun
Zweifel an dir
sind
Zweifel in mir

Je mehr ...

Je mehr
ich mich anstrenge
an andere
zu denken
umso mehr
muss ich
an dich
denken

Je mehr
ich versuche
mich auf anderes
zu konzentrieren
umso mehr
sehne ich mich
in deinen Armen
zu liegen

Je mehr
ich versuche
zu hören
was andere sagen
umso lauter
höre ich
deine Stimme
im Ohr

Je mehr
ich versuche
zu sehen
was andere zeigen
umso mehr
sehe ich
nur noch dich

Bei dir

Bin ich bei dir
leg ich meine Sorgen ab
keine störenden Gedanken
frei und ohne Angst

Bin ich bei dir
abgeschnitten
von der Aussenwelt
es gibt nur noch dich

Bin ich bei dir
braucht es nicht viele Worte
weil ich dich
immerzu küssen muss

Bin ich bei dir
bin ich frei
gefangen
in deinen Zärtlichkeiten

Bin ich bei dir
weicht jede Kälte
gewärmt
von deiner Lust

Bin ich bei dir
bist du in mir

So nicht

Einmal berührt
brannte schon das Verlangen
mehr von dir zu sehen

Zweimal berührt
brannte schon die Sehnsucht
mehr von dir zu spüren

Dreimal berührt
brannte schon das Gefühl
mehr von dir zu fühlen

Viermal berührt
brannte schon die Liebe
dich noch mehr zu lieben

das war
so nicht
geplant

Mit dir

Nicht das erste mal
nur mit dir ist es
durch die Hölle
empor
ins himmlische
in Wolken gebettet
abstürzend in die Glut
verbrannt
gleich wieder gelöscht
ertrinkend
weggerissen verloren
in meterhohen Wellen
zurück geworfen
in den heissen Sand

nur mit dir
am Rand
des Vulkans
verschmelzend in der Hitze
zwischen
Himmel und Hölle
in Ketten deiner Leidenschaft

lass mich nicht wieder frei
bleib hier
geh nicht weg

Ganz Frau

Deine Haut
so sanft
halte dich im Arm
so weich
eng umschlungen
zart und weich

schaust mich an
deine Augen
dein Blick
so zärtlich
voller Sehnsucht
so liebevoll

spüre deine Lippen
so sinnlich
auf den meinen
streichelnd
verlangend
nach mehr

Gezählt

Viele Tage
und noch mehr Wochen
waren es Monate
oder doch Jahre
nur auf kleiner Flamme
still bare Sehnsucht
unbändiges Verlangen
hungrig nach Wärme
durstig nach Nähe
verbrannte Gefühle
vertrocknete Leidenschaft

Einige Tage
nur wenige Stunden
heiss wie nie zuvor
ganz nah
gestillte Sehnsucht
Gefühle neu entflammt
Leidenschaft
Verlangen pur

Ohne Worte

Es gibt keine Worte
für dass
dass wir uns gefunden
es gibt keinen Ausdruck
für dass
was wir tun
es gibt keine Worte
für dass
was wir wollen
es gibt keine Worte
für dass
was wir erwarten
es gibt keinen Ausdruck
für dass
was wir verlangen
ich finde keine Worte
für dass
was ich für dich
empfinde

Warum

Ein kleiner Bach
vor mir
leise vor sich hin
plätschert
vertrauensvoll
seinen Weg nimmt
zärtlich
einen Ast umfliesst
oder auch
selbstverständlich
mit sich trägt
doch zu viel
wird er wild
aggressiv
misstrauisch
reisst alles mit
gereizt
über die Ufer

warum
muss es
Liebe sein

... eine Frau erst erobern zu müssen
ist dem *Betteln* um Zuwendung fast gleich !

Affäre

Das schlimmste
was passieren kann
ist
dass wir uns
ineinander
verlieben

Zeit

Stunden
mit dir
gefühlte Minuten
rasend schnell
doch unvergesslich
deine Nähe
deine Wärme
dein Lachen
deine Stimme
deine Berührung
in Liebe
wie Sonnenlicht

Stunden
ohne dich
gefühlte Tage
Zweifel
dunkle
wirre Gedanken
Unsicherheit
Fragen
Angst
in der Kälte
wie Schatten
im Mondeslicht

Tagträume

Verloren
in Gedanken
ziehend
weit weg
bis zu dir
und wieder zurück

Verloren im Gestern
Erinnerung im Heute
fühlend nah
zu dir
und wieder zurück

Verloren
träumend
verweilend
fühlend
deiner Haut
spürend
deiner Hitze
schmeckend
deiner Nässe

Verloren
im Traum
verweilend
auf
unter
neben
in dir
träumend im Gestern
verweilend im Heute
wartend auf Morgen

Einmalig

Vollmond
zum Greifen nah
spürbar lebendig
Sterne
klar und hell
stark und kräftig
liebevoll
gezeichnet
im Schwarz
der Nacht
einmalig

Sonne
weich rot
am Horizont
gelb geknallt
wärmend
strahlend
steigend
wolkensanftes
Weiss
liebevoll
gezeichnet
im Blau
am Morgen
einmalig

>>

Du
zum Greifen nah
spürbar lebendig
strahlend schön
einzigartig
warm
erfrischend
leidenschaftlich
voller Liebe
für mich
liebevoll
gemalt
in mein Herz
einmalig

Kopflos

Nur bei dir sein
fühle ich
Wärme
Geborgenheit
und Vertrauen

Nur neben dir
empfinde ich
das Streicheln
Zärtlichkeiten
in dir zu sein
geniesse ich

Leidenschaft
Verlangen
ich denke nicht !

Mit dir
fühle
empfinde
geniesse
liebe ich

Unausgesprochen

Kein aufwachen
kein Tag
keine Stunde
keine Minute
kein einschlafen
ohne einen Gedanken
an dich

Denken
fühlen
empfinden
spüren
verschweigen
verbergen

Die Liebe in mir
zu dir
bleibt noch verborgen
es auszusprechen
wage ich nicht

Sputnik

Nur eine kurze Zeit
spürbar intensiv
ein Feuer
so heiss
Verstehen
Vertrauen
Verlangen

Nur eine kurze Zeit
fühlbar intensiv
berauschend
von Sinnen
gefesselt
in Ketten
deiner Leidenschaft

eine
liebestolle
Weggefährtin
für kurze Zeit

Vergessen

Was gestern noch war
deine Hand
in meiner
liebevolle Blicke
deine zärtliche Stimme
inniges küssen
am Abend
Freude
auf das nächste Wiedersehen
die Frage
ob da doch mehr ist

ist heute vergessen

Was ?

Was ist das
mit uns
was tun wir
was fühlen wir
wir sind uns so nah
und doch
wie Sonne und Mond

Was ist das
mit uns
was tun wir
was spüren wir
es tut verdammt gut
und doch
wie Sonne und Mond

Wenn wir uns berühren
sind keine Fragen
keine Wünsche
der Schatten
vertrieben
von Licht und Wärme
wie Sonne und Mond

Was ist das
mit uns
was wir lieben
wollen nehmen
viel mehr geben
wenn wir uns spüren
nicht mehr
ohne sein
wie Sonne und Mond

„Augen"blicke

Stunden
Tage
wenige Wochen
schon vergangen
könnten auch
Jahre sein
mit dem Blick
in deine Augen
in kurzer Zeit
alles verflogen
was vorher war

Wenige Zeit
doch
soviel mehr
passiert
mit dem Blick
in deine Augen
kaum
Erinnerung
an das
wie es vorher war

Viel Zeit
für das
was kommen wird
mit dem Blick
in deine Augen
aber wenn auch
abgewendet
gemeinsam
in eine
Richtung sehend
geniesse ich
jeden
Augenblick
mit dir

Rückfall

Routieren
im Innern
wühlen
in Angst
unsicher
durch den Tag
Kopf
neutral
verspannte Gefühle
machtlos

Wunden
zu tief
so schnell
nicht verheilt
Vertrauen fällt
Misstrauen wächst
ohne Grund
unsinnige Fragen

Alles
dreht sich
fällt
über den Kopf
sträuben
wehren
Herzklopfen
zugeschnürt
hilflos

>>

Aufgedreht
niedergeschlagen
offen
verschlossen
erhitzt
grad wieder
gelöscht
Wahrheit
Lügen
Ausreden
verletzt
taub
nur noch
zusehen
was bleiben wird

Wortspiel

Gleich
und Gültig
Gleich
und Bleibend
gleich bleibende
Gleichgültigkeit

Veränderung
oder
Normalität

Logisch

Wenn dein
Schweigen
auch
nur und
logischer Weise
zeitliche
Gründe
hat
dein
Schweigen
tut
meiner
Seele
nicht
gut

Wollen

Zeig mir
ob du es bist
sag mir
ob du es willst
dann
nehme ich dich
beim Wort
nehme deine Hand
ein Teil
deines Herzens
denn besitzen
will ich dich nicht
mit dir sein
lass dich so sein
wie du bist

Zeig mir
ob du es bist
sag mir
ob du es willst
dann nehme mich
beim Wort
stille du
meine Sehnsucht
zeig mir
meine Träume
nehm meine Liebe
und lass mich sein
wie ich bin

>>

Zeig mir
ob du es bist
sag mir
ob du es willst
leihe mir
deine Zeit
schenk mir
dein Vertrauen
bade in mir
dein Verlangen
lass mich
deine Insel sein

Zeig mir
ob du es bist
sag mir
ob du es willst
versprechen
werden wir uns nichts

Gemeinsam schwimmen
auch gegen den Strom
bin dein Licht
in der Dunkelheit
sei mein Schatten
in der Sonnenglut
bin dein Schirm
wenn es nur zu
regnen scheint
halten uns
wo immer es sein muss
lassen uns doch sein
wie wir sind

Betrachtungsweise

Dich zu betrachten
ist gar nicht so leicht
so nah
deinen Atem spüre
deine Hände
in meinem Rücken
vergraben
küssend
dein Gesicht
du meinen Rücken
zerkratzt
unsere Lippen sich
aufeinander pressen
meine Zunge
mit deiner spielt

Dich zu betrachten
ist oft nicht so leicht
wenn du auf mir
liegend
deine Brüste
deine Zunge
meinen Hals
deine Lippen
mich Streicheln
deine Schenkel
zwischen meinen
meine Hände
sich vergraben
in deinen Rücken

>>

Dich zu betrachten
kommt gar nicht
so selten vor
wenn ich dein Innern
spüre
in dir atme
aus dir trinke
deine verlangende Lust
fühle
dann betrachte
ich dich

Schwer atmend
schweissnass neben dir liegend
dann sehe ich dich auch

Warteraum

Am Morgen
erwachen
mit dem Duft
von Kaffee
träumend
von dir
durch den Tag

Spazieren
in Gedanken
Hand in Hand
fühlend
dich spürend
bis zum Abend
dir sagen kann
wie sehr
ich dich liebe

An uns

Was wir
auch tun
was wir
empfinden
was wir
uns sagen
und auch
nicht
sagen
was wir
auch fühlen
alles was
wir geben
oder
wir uns
auch nehmen
alles was wir
wollen
alles
was wir brauchen
alles was
wir uns
antun
liegt
an uns

Wellen der Sinne

Träumendes Rauschen
sanfte Wellen
ein Farbenspiel
aus Licht und Blüten
im Strahlen
der Sonne

Augen
die sehen
Hände
die fühlen
Haut
die spürt
ein Hauch
von Wind
der dich
zärtlich streichelnd
umgibt

Voller Sehnsucht
ein Blick
stöbernd
durch
kniehohes Gras
bunt gemischt
ein Bild
das sich malt
stumm
doch vieles
verspricht

Seelenspiegel

Willst du nur
einen Finger
reiche ich dir
meine Hand
brauchst du
eine Schulter
nehm ich dich
in den Arm
bringst du mich
zum Lachen
werde ich
dein Clown
gibst du
mir Wärme
hast du
einen ganzen Kamin
bist du mir
ganz nah
möchte ich
in dir
zergehen

Wenn dein Blick
sich senkt
werde ich Blind
werden deine Worte
kurz
werde ich stumm
wird deine Wärme
kühl
werde ich zu Eis
wenn du nicht
mehr fühlst
kann ich
nichts mehr tun
wenn du dich
entfernst
muss ich gehen

Naschen

Dein Gesicht
nur eine
Zigarettenlänge
von meinem entfernt
kann ich gar nicht anders
dein Blick
mich hypnotisierend
dich küssen muss

Dich so nah
lässt mich nicht anders
meine Lippen
müssen dich spüren
streichelnd
deinen Hals
knabbernd
dein Kinn
und dich
wieder küssen

Nur Zentimeter
halt ich nicht lange aus
wie ein Magnet
zieht dein Blick mich
an deine Lippen
dann möchte
ich dich schmecken
saugend
auch mal beissend
an deiner Haut
in deine Nase
in deine Lippen
und dich
wieder küssen

Guten Morgen Wunsch

Es wird hell
ich wache auf
die Sonne scheint
heute nicht allein
noch schläfst du
gekuschelt im Kissen
entspannt dein Gesicht
deine Haare zerzaust
vom Schlaf
oder noch von mir

Still liegend
schau dich nur an
die Sonne
wirft ein Strahl
auf dich
möchte dich küssen
so zart
so sanft
dein Gesicht
dich streicheln
nur nicht wecken
mit dir träumen

Dich spüren
beim einschlafen
dir zusehen
beim aufwachen

Irgendwann
vielleicht

Willkommen

Seit wir uns
unsere Liebe
gestanden
ist dir alles andere
willkommener
als ich es je war

...zurück...

Nicht erwarten
können
bis wir uns
wieder haben
ausgezehrt
vor Sehnsucht
bis wir uns
wieder spüren
verdurstet
nach Verlangen
unserer Lust

Ich vermisse dich
du fehlst mir
nur noch
in Gedanken
nur noch
geschrieben
in Worten
ansonsten
schweigend
übergangen
warten
bis es uns
löscht

Schade
dass wir
so
Taten-Lust-Los
geworden
sind

Kurzschluss

Kurz
unsere Worte
leer
ohne Wärme
geschrieben
weit entfernt
deine Nähe
zu mir
nicht mehr spürbar

Kurz
bis zur Distanz
zu lang
der Weg
schon zu weit
dass sich unsere
Seelen
noch berühren
meine Nähe
zu dir
nicht mehr spürbar

Kurz
unsere Zeit
verbunden
zu intensiv
überlastet
zu heiss
überfordert
und
durchgebrannt

Aber

Du tust mir nicht gut
und denke daran
wie wir uns küssen
deine Lippen
sanft meine berühren
du tust mir nicht gut
und fühle deine Haut
die sich an meine schmiegt
zärtlich an mir reibt
du tust mir nicht gut
und spüre deine Arme
die mich halten
deine Hände
die mich streicheln
du tust mir nicht gut
ich spüre deine Zunge
die feucht über meinen Körper gleitet
du tust mir nicht gut
deine Haare kitzeln in meinen Leisten
du tust mir nicht gut
und spüre
wie du an mir
bis zur Ekstase saugst
du tust mir nicht gut
und fühle dich
ganz tief in mir
aber
du tust mir nicht gut

Wohin

Stunden
ohne Worte
wenig Zeit
für
Zärtlichkeit
Sinnlichkeiten
Worte
die
Nähe
zugelassen

Tage
ohne Worte
keine Zeit
für
Verlangen
Sehnsucht
Worte
die auch
Vertrauen
zugelassen

Wochen
ohne Worte
Zeit
die sinnlos
verstreicht
wohin
wird es uns
führen
mit Gedanken
die
Entfernung
zulassen

Aber vielleicht

Vielleicht war es falsch
dir zu begegnen
aber es sollte wohl sein
vielleicht ein Fehler
mich auf dich
einzulassen
aber der Takt
war so im Gleichklang
vielleicht war es falsch
dich wieder zu treffen
aber es war so
kolossal brillant
hochprozentig
schrankenlos
ungeniert
schon beim ersten Mal

Vielleicht ist es ein Fehler
dich immerzu sehen zu vollen
aber es ist so überirdisch
vielleicht ist es falsch
an dir festzuhalten
aber es ist so
mörderisch impulsiv
vielleicht ist es ein Fehler
dich zu lieben
aber mit dir
ist es paradiesisch
melodisch
ohnegleichen
die dritte Dimension
aber vielleicht
auch
zum letzten mal

Manchmal

An manchen Tagen
fühle ich uns
so halbfertig
lückenhaft
in unserem Tun
dass Gleichgewicht
was sonst
so stark
schwindelig
schwankend

An manchen Tagen
fehlt mir der
Berührungspunkt
überzuckert
hingehalten
mit Worten
der Radius
wird ausgewalzt
es tönt so
pauschal

An manchen Tagen
fühle ich
nur Leere
knurrender Magen
ungefüttert
von deinem Gefühl
ausgehungert
nach deiner Nähe
kompromisslos
sporadisch
portioniert

Nicht nur schade

Dass wir geschrieben
gesprochen
wortlos geworden sind
auch ohne
Leidenschaft
die uns neues Leben geschenkt
das Schweigen zur Konsequenz
zu viele Fragen bohren
Schmerzen
auf die
zu wenige antworten
folgen
zur Seite geschoben
aufs Abstellgleis gestellt
nur oder nicht mal mehr
die 2. Geige spielend
zu spüren
dass kein Platz mehr ist
neben dir
in deinem Leben

>>

Was uns einmal wichtig war
ist gleichgültig geworden
was uns einmal verbunden
treibt uns in
andere Richtungen
vergessen
wie es war
verloren irgendwo
im nirgendwo
einfach so
kein Raum mehr
zur Entfaltung
kein Raum
sich zu entwickeln
abgeschlossen
zugesperrt
ohne Gedanken
über und an die andere
dabei wissen gerade
wir beide doch
was schmerzt
wie weh es tut
zu verletzen
scheint einfacher
als miteinander zuzulassen
daran festzuhalten
aufzubauen

>>

Ich vermisse dich
du fehlst mir
es tut mir leid
wohltuende Worte
im miteinander
bedeutungslos
verletzend
stechend
wenn nichts darauf folgt
leere Worte
wenn nur geschrieben
nur hingehalten
nicht wirklich
so gemeint

Schlussakt

Hals zugeschnürt
verkrampft
bis ins kleinste Glied
sogar in
Buchstaben
Worte
die nicht mehr
aussagen
was passiert
abwartend
im Dunkeln
erschöpfend vor Angst
müde gedacht
Zeit
die nicht vergeht

Wartend
im Dunkeln
auf den einen
Augenblick
Kopfkino
im Horror
durch den Tag
was war
verdrängen
stornieren
bis zum Abend
wo eine
Entscheidung
fallen wird

>>

In sich gefangen
ausgelaugt
Vorhaben
wollen
fühlen
in der Schwebe
nicht fehlerlos
fast schon
befremdend
kein Ventil
in greifbarer Nähe
nichts was bremst
vor der Endstation

Ausgesetzt

Zuviel Zeit
zu denken
keine Lust
zu träumen
einfach nur
da sitzend
Verstand in
Betrieb nehmen
Gefühle aussetzen
ohne gelingen
flatterhafte
Tendenzen
sortieren

Ohne Ventil
ohne doppelten Boden
aus dem Kopf
sprunghaft
ins Bauchgefühl
rational
vergeistigen
Konstellation
enträtseln
isolieren
mit Verstand
in Einklang bringen
Entscheidungen
auslesen
Konsequenzen
ausloten

>>

Mit fehlender
Bedienungsanleitung
planlos
in Gefühlen
abstecken
begrenzen
durchqueren
überwinden
nur
provisorisch
bis auf weiteres
opferbereit
für den Übergang
neues Konzept
neuer Spielplan
alte Fehler
nichts draus gelernt

Pünktlich

Im selben
Fahrwasser
begegnet
Erfahrungen als
geistiges Band
Leidenschaft
Lust
hat uns
gehalten
was erst als
Zwischenspiel
gedacht
spektakulär
Turmhoch
ohne
Tuchfühlung
nur improvisiert

Fahrplanmässig
überschnitten
Faltenfrei
vollkommen
desorientiert
nur ausgeschmückt
Emotionen
bis zur
Selbstverleugnung
keine Schranken gesetzt
toleriert
bis zum
abwinken
kein ausloten
kein abstecken
Erwartungen
zu hoch
Träume
über Bord

Kopf und Bauch

Oft denkt man
es nicht so wie man denkt
aber auch was man fühlt
ist nicht so
wie man fühlt
das Fühlen übernimmt
das Denken
das Denken übernimmt
das Fühlen
hin und her gerissen
vom Kopf
über den Umweg
des Herzens
in den Bauch
und wieder zurück

Und wenn man denkt
man fühlt das richtige
fühlt man
dass man falsch denkt
hin und her gerissen
vom Bauch
streifend
durch das Herz
bleibt auch immer
noch was hängen

Nehmen

Meine Leidenschaft
hast du gerne genommen
vielleicht auch noch
das erste Gefühl
doch mehr
hätte es nicht sein dürfen

Meine Zärtlichkeiten
hast du gerne genommen
dich gerne verwöhnen lassen
und es in vollen Zügen
geniessen können

Meine Hand
hast du gerne genommen
die dich gehalten
voller Mitgefühl
wenn du einen
schlechten Tag lebtest

Mein Vertrauen
hast du gerne
entgegen genommen
weil du es
für dein Verlangen
nutzen konntest

Mein Ich
hast du von dir weg gestossen
weil es auch Erwartungen hatte
die du
nicht geben wolltest

Scheinheilig

Nichts ist so
wie es scheint
haben wir uns
doch nur
im Kreis gedreht
Emotionen erzwungen
nichts oder zu wenig
freiwillig
gegenseitig
auf die Probe gestellt
Stellenwert
zu unterschiedlich
im Wollen
nur halbfertig
dass selbe gefühlt

Nichts ist so
wie es scheint
nie mehr
deine Haut fühlen
nie mehr
dich schmecken
nie mehr
mit und in dir
atmen
nie mehr
deine Lippen
berühren
und doch noch
die Sehnsucht
nie mehr
und das Verlangen
tut noch weh

>>

Nichts ist so
wie es scheint
ein Abschied
in Raten
mit jedem Tag
ein Schritt mehr
lautlos
abgewendet
in eine andere
neue Richtung
blickend
nicht fragend
nur wortlos
gehen wir
getrennt
neue Wege

Ende

Vergangenheit
in Augenschein
genommen
ausgelotet
viel nachgedacht
befremdend
die Gedanken
aus der Ferne
geringer Stellenwert
wenn ohne Nähe

Reibereien
in Überfunktion
Imponiergehabe
Spiele der Macht
provozieren
demonstrieren
mal optimistisch
dann doch wieder
in sich verfahren
dilettantisch
verkrampft

Versklavt
an die eigenen Gefühle
die schönen Momente
nicht loslassen wollen
unbeweibt
in der Sehnsucht verhakt
nicht fehlerfrei
in die Offensive
ein aufflackern
das Feedback
nur ein plantschen
und ausgelöscht
>>

Reaktionen spiegeln
auf Emotionen
folgen
zensierte Gedanken
ohne Spielplan
ohne Ventil
ein Feuerwerk
das nicht zündet
erschöpfende Hoffnung
buchstäblich besiegelt
die Kapitulation

Ohne Gewähr

In der Verflechtung
des Kennen lernen
neues zu erfahren
Sehnsüchte zu stillen
in neuer Leidenschaft
alte Wunden zu lecken
der Trauer zu entkommen
Enttäuschungen verdrängen
neu zu entflammen
im Verlangen der Lust

Sich befreien
von alter Last
neues Vertrauen
neues Glück
Wunschdenken bis zur
Selbstverleugnung
spielend mit Gefühlen
Liebe sich selbst
heuchelnd
sich miteinander
arrangieren

Emotionen in der
Illusion
das wirkliche Glück
gefunden
gegenseitig inszeniert
geblendet von
eigenen Träumen
bodenlos verloren
ohne Kompromisse
sich selbst
zur Zielscheibe
gemacht

>>

Der Versuchung
nachgegeben
verlogen
verletzend
bis zur Ohnmacht
verzettelt
ins Uferlose
gesägt
am eigenen Ast
Vergangenheit
ist wieder
Gegenwart

Ballast

Hoffnung
im Neuen
optimistisch
zugelassen
vertrauensvoll
geöffnet
ohne wenn und aber
hingegeben
Berührungen
wie elektrisiert

Im Alltag
die Kehrseite
Bewusstsein
kapitulierend
überfordert
gefangen gesetzt
Gefühle
vertrauen
abgenutzt
Emotionen
lückenhaft
ohne perspektive
zum Stillstand

Verriegelt
verschlossen
ohne Nähe
überreizt
abgestumpft
das miteinander
Stellenwert
abgesondert
Einbildung
alles nur
ein Traum

Frühlingsgrippe

Blockierte Gedanken
blockiert im Tun
Gefühle erkaltet
fiebrig
kalter Schweiß
in Sehnsucht
wärmende Nähe
weit entfernt

Erinnerungen
an kältere Tage
nicht mal
lange her
immun
gestärkt
voller Wärme
mit viel Gefühl

Unfrei
in Bewegung
Schmerzen
ganz tief drin
notdürftig aufrichten
zum abklingen
noch ein paar Tage
auskurieren

Akte P

Gedanken
im Gestern
gestillte Sehnsucht
himmlische Leidenschaft
hochprozentig
ein geben
und nehmen

Gedanken
im Heute
von Gestern
aufwühlende Sehnsucht
nach dem
wie es angefangen
ungekünstelt
geben und nehmen

Gedanken
morgen
von heute
im Gestern
enttäuschend
überreizt
wirkliche Wahrheit
wahrgenommen
bedeutungslos
im Sein
verworfen
einfach
geschreddert

... geschrieben in einem Brief, mein denken an dich
- mein denken an die schönen Momente
- doch die Freude daran hast du mit diesem Brief zerrissen
- einfach so
- ohne einen Gedanken an mich ...

Taubenschlag

Ein Kommen und Gehen

Schleichend geht das Gefühl
kommen die Zweifel
geht das Vertrauen
kommt der Schmerz
das Miteinander entfernt
kommt die Sehnsucht
das Glücklich sein
entfernt
geht der eine Traum
geht der Anfang
vergeht die Zeit
kommt die Erinnerung
schleichend kommt
ein neues Gefühl
wenn die Zweifel gehen
der Schmerz nachlässt
das Miteinander entfernt
kommt ein neuer Traum
kommt ein neuer Anfang
es kommt die Zeit
in der man wieder weiss
wo man selbst hin geht

Sand im Getriebe

Manche
stecken nur den Kopf in den Sand
reden sich ein :
das ist Stolz
nur ist es arg dunkel da im Loch
Blind
vor angeblichem Stolz
der dann einem auch noch selbst im Weg ist
und stolz auf sich selbst
zu ignorieren
was nicht ignoriert
werden will
und warum ??
um keine Schwächen zu zeigen
und stecken den Kopf lieber
noch tiefer in den Sand

… wenn für Menschen
- andere Menschen nur ein Spielzeug sind,
sollten sie sich nicht wundern,
dass irgendwann die Batterie leer ist …

Erinnerung

Deine Berührungen
oft federweich
wandelbar
bis zur Ekstase
stimulierend
impulsiv
dein Körper
wohl geformt
an mir
weich warm
vollkommen
und ungeniert
unersättlich
deine Küsse
unfehlbar
deine Hände
ungezähmt
erforschend

deine Berührungen
lebensnah
verschwenderisch
hemmungslos
losgelöst
tiefgreifend
mit und in dir
versumpfen
uns ineinander
verwirklichen
miteinander
eskalieren
aufwallen
anreissen
innen und aussen
mit dir
verschmelzen

Lass uns reden
Tot gequatscht

Über was
können wir reden
wie
Gefühle ausdrücken
viele
Wahrheiten auswalzen
und
Tatsachen zerreden

Worte zerpflücken
Entschuldigungen zerreissen
Blicke entschlüsseln
Mimik enträtseln
zwischen den Worten
dekodieren
Kopf und Bauch
in Einklang bringen
Gefühle auffischen
Emotionen zuschieben
sich selbst
von Fehler befreien
Schmerz aufrollen
gesagtes revidieren
Darstellung ausschmücken
mit neuen Wahrheiten
probeweise arrangieren

Über was
können wir reden
wenn Worte ohne Sinn
Gefühle
nicht ehrlich ausdrücken
Wahrheiten nur auswalzen
und
Tatsachen zerreden

Zuerst

Zuerst
im Hochgefühl
der Begierde
zuerst
paradiesisch
euphorisch
ein unverblümtes
Wollen
ohne zu wünschen
im Vertrauen
das Verlangen
im Gleichklang

Zuerst
tolerant
auf Tuchfühlung
zuerst
der hemmungslose
Glücksfall
die Oase
der Fleischeslust
ohne zu wünschen
im Vertrauen
das geben
und nehmen

Zuerst
nur noch
wenige Worte
zuerst
das totschweigen
enträtseln
zuletzt
was weh tut
dem Misstrauen
entkommen

Feminin

Äusserlich
wunderschön
reizvoll anzusehen
verführerisch
und doch natürlich
nichts gekünstelt
nichts untermalt
weibliche Züge
sympathische Lachfältchen
um Augen und Mund
nicht zu dünn
weibliche Rundungen
unter jedem Stoff
wandelbar im kurzen Schwarzen
in Jeans und Hemd
variabel
nichts
was ein Tuch verhüllen kann

>>

Innerlich
oft gespielt
und auch nur spielend
mit anderen
nur plantschend
mit Gefühlen
ein Quiz mit Worten
fast nur fordernd
arrogant
flatterhaftes
Geben und Nehmen
viel lieber nehmen
immer abwartend
hinhaltend
bloss kein Schritt zu viel
nicht zu viel schenken
an Zuwendung
und Aufmerksamkeit
tägliches erobern
sich finden lassen
feminine Spielchen
die aber
jede Schönheit
und Lust
verblassen lassen

Zu oft wundere ich mich
über angebliche Gefühle
angebliches verliebt sein
Worte ohne Bedeutung

wandeln sich eigene Gefühle
jedoch in Gleichgültigkeit
hat man das schlimmste überstanden

Liebe gibt es nicht zu kaufen
Liebe kann man nicht erzwingen
Liebe ist ein Geschenk
die ebenso mit Respekt
beschenkt werden will

Anonym

Worte
voller Sehnsucht
habe ich heute gelesen
ein Wunschdenken
sie wären von dir
an mich
liebevoll verpackt
dann beschleicht mich
wieder dieses unsagbare
unerklärliches Gefühl
von Hoffnung
dass wir doch
eines Tages
zueinander finden

Wo bleibt meine Vernunft ?
mein Verstand ?

Worte
Sehnsuchtsvoll
sie waren nicht
von dir
nicht an mich
liebevoll verpackt
und jedes Gefühl
von Hoffnung
fällt erleichtert
von mir ab

Kennenlernen

Wenn wir uns begegnen
treffen sich
nicht nur unsere Blicke
dann treffen sich
auch unsere Wege

Geh nicht vor mir
denn ich werde dir nicht folgen
geh nicht hinter mir
ich will dich nicht führen
gehe neben mir
halte meine Hand
gehe neben mir
denn nur so tut es uns beiden gut

Spiegel der Erwartung

nur wenn du den einen Menschen
so behandelst
wie du selbst von ihr behandelt werden möchtest
wenn du ihr alles zu geben bereit bist
was du dir selbst von ihr wünscht
wenn du sie siehst
wie du von ihr gesehen werden willst
erst dann
kannst du auch "Respekt" erwarten

erwarte aber nichts

wozu du selbst nicht bereit bist

Schweigen

ist nicht immer Gold

Zum Reden
oft unerreichbar
wenn das
Vertrauen fehlt
und aus Wut
auch kein wahrnehmen
vom Wink eines Zaunpfahls
nur abwartende Worte
dann wieder schweigen
allein gelassen
mit der Enttäuschung
kein annähern
kein aber
nicht ein Versuch
eisernes totschweigen
ohne jedes Gefühl
nur Kälte spürend
nicht ein Wort
für wärmende Hoffnung

Allein gelassen
mit sich selbst
mit enttäuschten Gedanken
und mit jedem Tag
im Schweigen
mehr um sich schlagend
nur noch stärker werden
kein Wort
dass bremst
kein aber
nicht ein Versuch
eisernes Totschweigen
das kein Vertrauen
zurück gewinnt
allein gelassen
in Deinem Schweigen

… vertraue nie einem Menschen, der dir sagt,

dass du ihr/ihm vertrauen kannst,

denn wirkliches Vertrauen bedarf keiner Worte mit grosser

Betonung …

Frieden

Auch
wenn ich glaube
auch
wenn ich vertraue
auch
wenn ich denke
auch
wenn ich fühle
auch
wenn ich spüre
finde ich
keinen
Frieden

Mit dir sein
bei dir sein
deine Stimme
deine Augen
deine Hände
mich halten
dein Vertrauen
deine Nähe
dann finde ich
Frieden

Keine Zeile
kein Wort
entfernt
woanders
dann
befinde
ich mich
im
Krieg
mit
mir

Einfach zu selten
Darum wertvoll

Tanzend
auf derselben
Wellenlänge
passend zum
Draht der verbindet
ab und zu vibriert

Gedanken
ihre Kreise ziehen
Blicke
Ehrlichkeit zulassen
Chemie
sich in Sympathie
umwandelt

Im Humor
keine Fragezeichen
Sein können
wie man
fühlt und ist
Knistern
in Verborgenheit
Vertrauen
selbstverständlich

ein Lächeln
dass immer wieder
den Augenblick
umarmt

macht es einfach
Danke zu sagen

nicht mehr so
einfach
„einfach"
tschüss
zu sagen

Halte fest

In Erinnerung
der erste Kuss
erst dann
der erste Blick
von Null auf Hundert
mit Vollgas
in die Leidenschaft
wir haben
die Sonne geküsst
zu spät gemerkt
wie heiss es war
wir haben
den Mond umarmt
und es wurde
dunkel um uns
wir wollten alles
und haben nichts

Offen

Mit Scheuklappen
durchs Leben gehen
kann nur bedeuten
dass Glück
zu übersehen

Mit Tunnelblick
nur gerade aus
siehst du nicht
wer neben dir steht

In Kälte eingepackt
bis zum Kragen
spürst du nie
die Wärme
der anderen

Made in the USA
Charleston, SC
02 April 2014